Zwerg Nase

Ein Spielbilderbuch

Wilhelm Hauff

Zwerg Nase

Ein Spielbilderbuch
mit Bastelbogen für ein Daumenkino

Aus der Werkstatt der Geschwister Busch
mit Bildern von Goran Djurovic

Frei nach dem Märchen von Wilhelm Hauff

Aufbau-Verlag

Es war einmal ein kleiner Junge, der hieß Jakob. Sein Vater war ein armer Schuster. Der saß den ganzen Tag in seiner dunklen Werkstatt und flickte Schuhe und Pantoffeln. Die Mutter aber hatte ein kleines Gärtchen. In ihm zog sie Gemüse, Früchte und allerlei Kräuter heran. Wenn sie ihre Waren auf dem Markt verkaufte, half Jakob, wo er nur konnte. Und weil er so schön war und immer fröhlich, hatten ihn alle lieb.

Eines Tages erschien auf dem Marktplatz eine alte Frau. Keiner hatte sie je zuvor gesehen.
Sie hatte einen krummen Buckel und eine lange Nase. Und wo sie vorüberhumpelte, wichen die Leute zurück. Jakobs Mutter erschrak, als sie vor ihr stehen blieb. Mit dürren Spinnenfingern durchwühlte sie jeden Korb, rieb und drückte die Ware und hielt sich alles unter die Nase. Dabei flüsterte sie unentwegt: Schlechtes Kraut, schlechtes Zeug.
Schließlich wurde Jakob zornig und rief: Nimm deine scheußliche Nase aus unseren guten Sachen, sonst will sie keiner mehr.
Da blickte sie ihn lange und durchdringend an. Aber sie kaufte den ganzen Korb voller Kohlköpfe. Und weil die Köpfe so schwer waren, sollte Jakob sie tragen. Es half kein Weinen und Flehen, Jakob musste mit. Der Weg war lang und führte weit hinaus vor das Dorf. An einem großen alten Haus blieben sie stehen. Jakob wollte sogleich fort. Doch die Alte drängte ihn zu sich ins Haus: Warte, Söhnchen, jetzt wirst du belohnt.

So ein Haus hatte Jakob noch nie gesehen! Der Haushalt wurde von vielen Eichhörnchen geführt. Sie waren in Samt und in Seide gekleidet und machten sich in allen Ecken zu schaffen. Im Handumdrehen hatten sie den Tisch gedeckt. Während Jakob noch staunend um sich blickte, zog ein unbeschreiblicher Duft durch das ganze Haus. Plötzlich stand die Alte mit einem Teller Suppe vor ihm. Nie hatte Jakob so etwas Herrliches probiert. Doch er hatte die Schüssel kaum geleert, da fiel er auch schon in einen tiefen Schlaf.

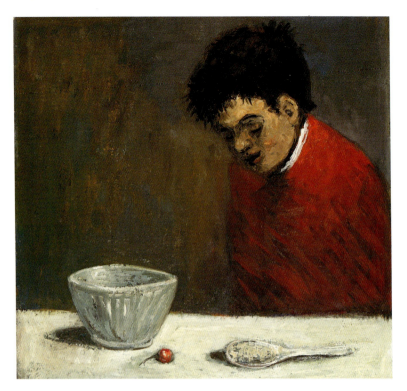

Jakob hatte einen sonderbaren Traum: Auch er war jetzt ein Diener der Alten, ganze sieben Jahre lang. Er verrichtete mit den Eichhörnchen alle Arbeiten im Haus. Und als er sich darauf bestens verstand, weihte ihn die Alte in die Kochkunst ein. Am Ende des siebenten Jahres kannte Jakob alle Speisen der Welt. Er war eben dabei, einen Braten zu würzen, mit einem ganz erlesenen Kraut. Da kitzelte der süße Duft seine Nase. Er musste heftig niesen – und wachte auf!
Was war geschehen? Warum hatte er geschlafen?
Und wie viel Zeit war vergangen?
Die Tür stand jetzt offen und die Alte war nirgends zu sehen.
Nur ein Gedanke: Schnell nach Hause!

Weißt du bereits die Antworten auf Jakobs Fragen?
Warum hat er geschlafen?
Und wie viel Zeit ist vergangen?

Auf dem Heimweg lief Jakob so schnell er konnte. Überall sammelten sich Menschen in den Straßen und reckten die Hälse. Schaut her, ein Zwerg, riefen sie. Jakob wollte auch den Zwerg sehen. Aber er konnte nicht stehen bleiben, denn seine Mutter wartete auf dem Markt. Er fand sie vor ihren Körben. Aber warum sah sie so traurig aus? Und wie groß war Jakobs Schreck. Die Mutter erkannte ihn nicht. Schnell rannte er zum Vater in die Werkstatt. Doch auch der erkannte ihn nicht und jagte ihn fort: Du hässlicher Wicht! Unser Jakob ist seit sieben Jahren verschwunden. Erzähl uns keine Geschichten, scher dich weg!
Da befiel Jakob große Verzweiflung. Weinend irrte er durch die Straßen.
Vor dem Schaufenster des Barbiers hielt er inne. Und wer starrte ihm hier jetzt entgegen? War das möglich? War das denn Jakob selbst? Ein Zwerg ohne Hals, auf dem Rücken ein krummer Buckel, im Gesicht eine riesige Nase. Nur seine Augen erkannte er wieder und aus den Augen liefen ihm Tränen.
Hinter sich hörte er die Kinder im Chor rufen:
ZWERG NASE! ZWERG NASE!
Und weil er das Lachen der Kinder nicht länger ertrug, lief er fort.

Jakob hatte jetzt niemanden mehr. Aber hatte er nicht sieben lange Jahre der Alten gedient? War er nicht ein Meisterkoch, der alle Speisen der Welt kannte? Er hatte das alles nicht geträumt. Und selbst wenn er jetzt ein buckliger Zwerg war, so konnte er doch wahrhaftig kochen. Jakob machte sich auf den Weg zum Herzog. Dort gab es für einen guten Koch gewiss Arbeit.

Vor dem Schloss standen zwei Wächter, die ihn verspotteten und nicht hereinlassen wollten. Aber Jakob gab nicht auf. Er schlich um das Schloss herum. Vielleicht gab es ja noch einen zweiten Eingang? Vor einem Säulengang traf er wieder auf einen Wächter. Der tröstete Jakob: Einlassen darf ich dich nicht. Aber wenn du das Losungswort in diesem Wappen errätst, öffnet sich ein Tor und du kommst in das Schloss.

Und weil Jakob das Rätsel löste, kam er zu einer Kochuniform und gelangte durch einen unterirdischen Gang direkt in die Schlossküche.

Errätst du das Losungswort in dem Wappen?

Der Küchenchef lachte laut, als Jakob sich um die Stelle des Schlosskochs bewarb: Willst du denn beim Kochen immer auf einer Leiter stehen?
Doch schon war Jakob auf einen Hocker geklettert und schob den schweren Topf auf den Herd: Was soll ich tun?
Der Küchenchef lachte von neuem: Weißt du denn, wie eine wahrhaft gute Kartoffelsuppe zubereitet wird?
Da schälte Jakob im Nu die Kartoffeln, dünstete Zwiebeln in Butter, schabte Möhren, schnitt den Lauch hauchfein und bat nun um Sahne und Muskat. Der Küchenchef kam aus dem Staunen nicht heraus, kostete und strahlte jetzt über das ganze Gesicht.
Er war hingerissen von Jakobs Meisterwerk.
Sogleich brachte er die Suppe zum Herzog.

Für die Kartoffelsuppe braucht Jakob 9 Zutaten. Weißt du, welche es sind? Und findest du sie auf den Bildern? Sie sind in der Küche und einigen anderen Räumen des Schlosses versteckt.

Jakob sah sich in der Küche um. Plötzlich hörte er ein leises Rufen hinter sich. Aber da war niemand. Und als er den Schrank öffnete, hörte er es wieder und diesmal ganz deutlich: Rette mich, rette mich! Die Stimme war jetzt neben ihm. Jakob traute seinen Augen kaum, sie kam aus dem Käfig. Es war die Gans, die da zu ihm sprach: Mach schnell, hol mich hier raus!

Und während Jakob den Käfig aufschnürte, erzählte sie ihm von ihrer Not. Sie hieß Mimi und auch sie war verzaubert worden. Doch den beiden blieb keine Zeit, denn auf dem Flur nahten Schritte.

Wir sehen uns wieder, rief Mimi, und floh durch das Fenster.

Was wäre wohl geschehen, wenn Jakob die Gans nicht befreit hätte?

Jetzt führte man Jakob zum Herzog. Der hatte den ganzen Suppentopf geleert und war nun begierig, den Zwerg kennen zu lernen, der so königliche Speisen zubereiten konnte. Jakobs seltsame Gestalt brachte ihn zum Lachen. Und er dachte bei sich, so einen Koch hat sonst niemand, ich will ihn sogleich in meine Dienste nehmen. Gebt dem Kleinen ein Zimmer, befahl der Herzog. Er soll fortan mein Leibkoch sein und Zwerg Nase soll er heißen!
Überglücklich bezog Jakob sein neues Zuhause.

Als Jakob vor dem Schlafengehen sein Fenster öffnete, flog die Gans Mimi herein. Die ganze Nacht erzählten sie sich. Jetzt waren sie nicht mehr allein.
Mimi blieb bei Jakob. Und der Herzog war höchst zufrieden mit seinem neuen Leibkoch. So wähnten sich Mimi und Jakob in Sicherheit, bis eines Tages ein sonderbarer Gast im Schloss eintraf.

Jetzt stand Jakob von morgens früh bis abends spät am Herd. Für seinen Gast wünschte der Herzog das Beste, was die Schlossküche zu bieten hatte. Nicht zweimal, nicht dreimal, nein fünfmal täglich tafelten die beiden im Speisesaal. Sie erschienen in den prächtigsten Gewändern und den modischsten Frisuren, einer eleganter als der andere.
Jakob gelang es, jeden Tag neue Gerichte herbeizuzaubern. Er wiederholte sich kein einziges Mal. Aber auch die Kleidertruhe des Gastes schien unerschöpflich zu sein. Wann immer dieser aus seinem Zimmer trat, er war kaum wieder zu erkennen.

Hier siehst du den Gast an verschiedenen Tagen. Kannst du dir vorstellen, welches seine »natürliche« Haartracht ist? Sonst schaue auf Seite 31 nach!

So vergingen zwei Wochen ununterbrochener Arbeit für Jakob. Mimi, die sich in seinem Zimmer versteckt hielt, traf er selten vor Mitternacht. Der Herzog aber freute sich über die Pracht, die er seinem Gast vorführen konnte. Eines Tages verlangte dieser, den Koch zu sprechen, lobte Jakobs Geschick und fragte: Wann kommt denn endlich die Königin der Pasteten auf den Tisch, die Souzeraine?

Gleich morgen, versprach Jakob, doch er war verzweifelt. Von der Pastete Souzeraine hatte er noch nie gehört.

Aber Mimi wusste Rat. In ihrer fernen Heimat jenseits des Meeres, da kannte ein jeder die Souzeraine. Sie erinnerte das uralte Rezept zwar nicht vollständig, doch rührten die Freunde in dieser Nacht einen vortrefflichen Teig an.

Bereits zum Frühstück servierte Jakob die Pastete Souzeraine. Der Herzog war ganz verzückt. Sie mundete ihm vorzüglich. Der Gast jedoch verzog keine Miene: Nicht schlecht, nicht schlecht. Aber die Pastete Souzeraine ist das nicht.

Diese Schande war zu viel für den Herzog. Außer sich vor Wut befahl er: In den Kerker mit dem Koch! Jakob weinte und beteuerte, gewiss nichts vergessen zu haben. Jetzt flehte er den Gast an, den Fehler aufzudecken.

Eine Pastete Souzeraine ist keine Pastete Souzeraine, wenn das Kräutlein Niesmitlust fehlt, erfuhr Jakob. Aber hierzulande sei das Kräutlein unbekannt.

Das wollte der Herzog nicht auf sich sitzen lassen. Sogleich schickte er Jakob los: Morgen gibt es Niesmitlustpastete, sonst ist es aus mit dir!

Mutlos kehrte Jakob zu Mimi zurück. Wie sollten sie auch ein Kräutlein auftreiben, das niemand hier kannte? Wo einen Hinweis finden?

Im Zimmer des Gastes müssen wir suchen!, rief Mimi plötzlich, und leise machten sie sich auf den Weg.

Im Zimmer des Gastes gibt es in der Tat viel zu entdecken. Ahnst du, was den beiden hier passiert ist? Welchen Hinweis finden sie? Und wo ist Mimi?

Als die Freunde Kisten und Koffer des Gastes durchstöberten, entdeckten sie eine Seite aus einem alten Buch. Die erzählte vom Kräutlein Niesmitlust. Auch hier, in einem verborgenen Tal des Schlosses, gab es das Kräutlein. Doch blühte es nur bei Vollmond im Schutze alter Kastanien. Aber wo lag das Tal? Mimi zeigte auf einen goldenen Schlüssel. An dem hing ein Zettelchen mit der Aufschrift: Zum Tal. Wo mochte die Pforte sein, in die der Schlüssel passte? Schon wollten sie losrennen, aber da kam jemand. Nun waren sie in dem Zimmer gefangen. Lange warteten Jakob und Mimi in ihrem Versteck. Und erst als die Nacht hereinbrach und alles schlief, konnten sie sich in den Schlosshof schleichen.

Hinter dichtem Dorngestrüpp entdeckten sie ein eisernes Tor. Und der Schlüssel passte. Jetzt standen sie auf einer hohen Klippe und blickten in eine gewaltige Schlucht. Und inmitten der Bergwelt lag ein stilles Tal.

Wo genau hat Mimi den Schlüssel zum Tal gefunden? Blättere zurück!

Es war Jakob, der die Gondel bemerkte. Und als er die Maschine in Gang setzte, schwebten sie hinunter ins Tal. Wie funkelte, zirpte und duftete es hier. Im Mondschein schimmerten unzählige blaue Blumen. Wie sollten Jakob und Mimi da nur die richtige finden? Welches nur mochte das Kräutlein Niesmitlust sein?

1   2   3   4   5   6

Würdest du unter diesen Blumen das Kräutlein Niesmitlust erkennen? Du hast es schon einmal gesehen ...

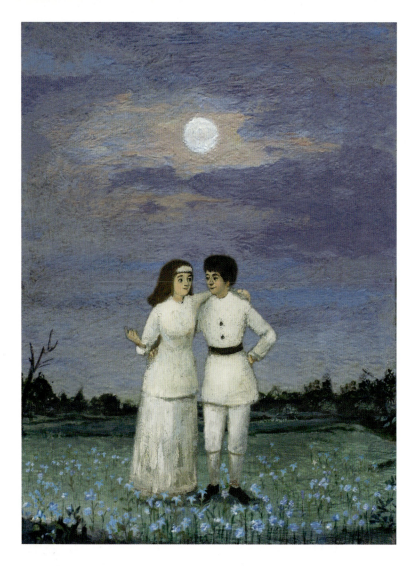

Wie groß war die Freude, als Mimi das Kräutlein fand. Blassblau leuchtete es unter einer mächtigen alten Kastanie. Und wie herrlich duftete es. Jakob wusste gar nicht, wie ihm geschah. Jetzt kitzelte es seine Nase. So vertraut, so köstlich schien ihm dieser Duft. Ihm war, als müsste er niesen. Und schon begann er zu wachsen, die Nase schrumpfte, der Buckel wich. Doch Mimis Federn, die wurden ein Kleid. Die Flügel zu Armen, der Schnabel ein Mund und aus dem Köpfchen sprossen jetzt Haare.

Und ehe sie sich's versahen, waren sie groß.
Ein hübscher Jüngling, ein bildschönes Mädchen
fielen sich überglücklich in die Arme.
Der böse Zauber war jetzt vorbei,
und Jakob und Mimi, die waren nun frei.

Rätselauflösungen

Seite 10: Die Alte hat eine Kräutersuppe gebraut, die wie ein Schlafmittel wirkt. Jakob dient ihr sieben Jahre. Er erinnert nur einen Traum, aber der verrät ihm die Wahrheit.

Seite 12: Wenn du die Buchstaben im Wappen richtig zusammensetzt, entsteht das Losungswort »Geheimnis«.

Seite 14: Hier siehst du die 9 Zutaten, die Jakob für seine Kartoffelsuppe braucht:

Hast du sie auf den Bildern entdeckt? Das Wasser, die Möhren, Kartoffeln und Salz findest du in der Küche (Seite 15). In Jakobs Zimmer stecken in einem Korb (Seite 18) der Lauch und die Zwiebeln. Die Butter und das Muskat findest du im Speisesaal auf dem Tisch (Seite 21). Auf dem Herd (Seite 23) steht die Sahne. Wenn du selbst einmal Jakobs Kartoffelsuppe kochen möchtest, dann machst du es so: Erhitze Butter in einem großen Topf, dünste darin die Zwiebeln an und gebe noch die Möhren und den Lauch hinzu. Dann gießt du Wasser dazu, garst deine Kartoffeln in dem Sud und schmeckst ihn mit Salz ab. Wenn dein Süppchen nach etwa einer halben Stunde gar ist, verfeinerst du es mit Sahne und Muskat.

Seite 16: Die arme Mimi wäre wohl im Kochtopf gelandet und unsere Geschichte hätte kein gutes Ende genommen.

Seite 20: Erkennst du ihn wieder? Der Gast des Herzogs besitzt nämlich sehr viele Perücken, aber keine eigenen Haare.

Seite 24: In der Kiste auf dem Boden (Seite 25) finden Jakob und Mimi eine Buchseite, die das Kräutlein Niesmitlust beschreibt. Doch da kommt jemand. Auf der Flucht stolpert Mimi über ein Tintenfass. Folge ihren tintenverschmierten Fußstapfen, sie führen dich zu ihrem Versteck hinter dem Vorhang.

Seite 26: Der Gast hat die unterste Schublade seiner Kommode nicht fest verschlossen. Aus ihr lugt der goldene Schlüssel hervor (Seite 25).

Seite 28: Du hast das Kräutlein Niesmitlust schon auf der alten Buchseite gesehen (Seite 26), die Jakob im Gästezimmer fand. Vergleiche es mit dem Bild Nummer 4 der blauen Blumen im verborgenen Tal (Seite 28). Dann hast du des Rätsels Lösung.

Von den Autoren ist außerdem lieferbar:

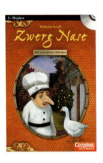

Zwerg Nase

Ein interaktives Märchen

CD-ROM für PC und Mac

ISBN 3-464-90045-2

Cornelsen Verlag

Der Teufel mit den drei goldenen Haaren

Ein interaktives Märchen

Mit Hörbuchfassung des Märchens,
gelesen von Otto Sander

CD-ROM für PC und Mac

ISBN 3-464-90000-2

Cornelsen Verlag

ISBN 3-351-04058-X
1. Auflage 2004
© Aufbau-Verlag GmbH, Berlin 2004
Schrift Meta 12 pt
Litho Druckhaus Berlin Mitte GmbH
Gesamtherstellung STIGE S.p.A., Turin
Printed in Italy

www.aufbau-verlag.de